FONDATION
DE LA VILLE
D'HENRICHEMONT

Par Hippolyte BOYER

Bibliothécaire-Archiviste

BOURGES

IMPRIMERIE VERET, 5, RUE DE L'ARSENAL

—

1873

FONDATION
DE LA VILLE
D'HENRICHEMONT

Par HIPPOLYTE BOYER

Bibliothécaire-Archiviste

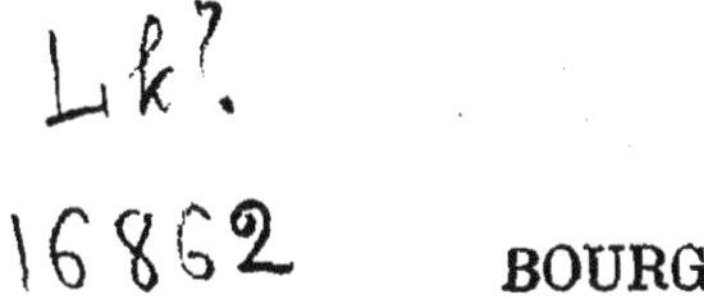

BOURGES

IMPRIMERIE VERET, 5, RUE DE L'ARSENAL

—

1873

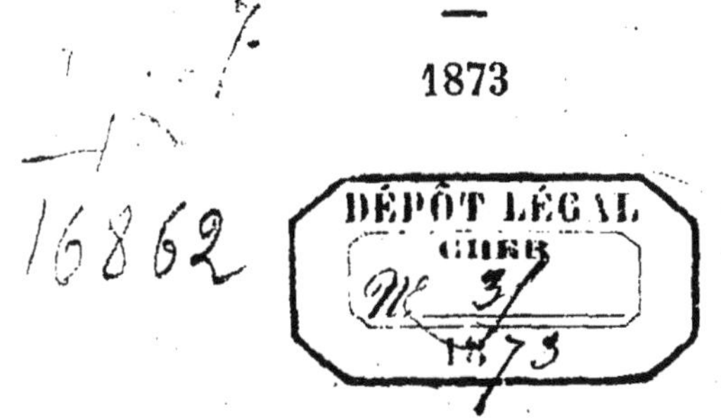

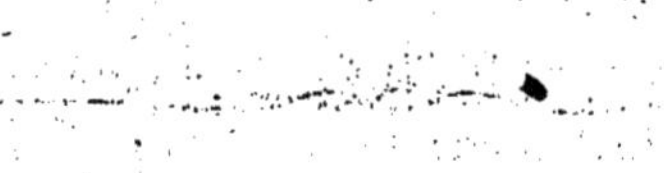

FONDATION

DE LA

VILLE D'HENRICHEMONT [1]

Au moment où s'ouvrait le XVIIe siècle, la terre souveraine de Boisbelle appartenait à la maison de Nevers, dont le titulaire était alors Charles de Gonzague, espèce d'extravagant, tourmenté par l'esprit d'aventures, et l'un des prodigues les plus renommés dans un temps si fertile en notabilités de ce genre. Un exemple à l'appui suffira : député par Henri IV vers le pape Léon XI, nouvellement assis sur la chaire de saint Pierre, pour le féliciter à l'occasion de son avénement, il déploya dans cette mission un faste inouï, se faisant suivre d'une nombreuse troupe équipée à ses frais, et dont les chevaux étaient ferrés d'argent, tandis que le sien propre avait été garni de fers d'or.

(1) Ce travail est emprunté à une histoire inédite de la principauté souveraine de Boisbelle-Henrichemont, dont l'auteur prépare en ce moment les éléments de publication.

A pareil commerce on ne s'enrichit guère, et Charles de Gonzague, qui l'éprouva à ses dépens, fut obligé de battre monnaie avec ses terres.

Il y avait en ce moment en France un homme qui offrait l'exacte contre-partie du précédent. Simple cadet de bonne maison, il avait su faire une merveilleuse fortune en attachant sa vie de bonne heure à celle du roi, de manière à poursuivre avec lui les étapes successives de sa prospérité croissante. Grâce à des services continus et réels et à une fidélité qui ne se démentit guère jamais, il avait pu, en même temps qu'il travaillait au bien de sa patrie et de son maître, satisfaire sa vanité et son ambition, qui s'accrurent singulièrement l'une et l'autre en même temps que le soin de son bien-être.

Cet homme c'était Maximilien de Béthune, marquis de Rosny, qui allait devenir et est resté célèbre comme duc de Sully, et tige de la seconde famille de ce nom.

Le marquis de Rosny prétendait se rattacher à la grande famille des Béthune, issus des comtes de Flandre. Ses ennemis lui contestaient cette origine et ne voulaient voir en lui que le descendant d'un parvenu naguère sorti d'Écosse, sous le nom primitif de Bétun, et cette opinion a trouvé créance chez quelques-uns de nos meilleurs historiens. On sait comment, sans fortune et grâce à l'amitié du Béarnais, auquel il avait été attaché de bonne heure, et dont il fut pendant de longues années en même temps que le coreligionnaire, le fidèle servant, il parvint à la plus haute situation qu'il eût jamais pu rêver. Au moment où nous en sommes arrivés, en 1605, la faveur royale avait fait de lui l'un des grands personnages de l'État et le plus influent à la cour (1).

Son caractère aidant, Sully en avait conçu une incroyable vanité, la vanité du parvenu. Cependant, si glorieux qu'il pût être, c'était aussi, et avant tout, un homme positif ; et en faisant les affaires de son maître, il n'avait pas négligé de faire les siennes, et ses nombreux titres, à la plupart desquels se rattachaient des charges grassement productives, s'accompagnaient encore d'autres avantages non moins solides, je veux parler des grands biens qu'il étalait fastueusement au soleil. Avec le temps, il avait fait de son pauvre petit patrimoine une des plus riches maisons de France. En ces

(1) Ce ne fut cependant qu'au mois de février de l'année suivante (1606) qu'il reçut le complément de cette faveur par le titre de duc et pair. Voici alors quelle était au complet la liste, un peu longuette, des qualités dont il se plut alors à décorer l'en-tête de ses actes seigneuriaux et *royaux* : « Maximilien de Béthune, chevalier; duc de Sully; pair de France ; prince souverain de Boisbelle ; marquis de Rosny; comte de Dourdan ; sire d'Orval, Montrond et Saint-Amand ; baron d'Épineuil, Bruères, Villebon, la Chapelle-d'Angillon, Novion, Baugy et Bontin; conseiller du roi en tous ses conseils; capitaine-lieutenant de deux cents hommes d'armes d'ordonnance du roi sous le titre de la Reine; grand-maître et capitaine général de l'artillerie; grand voyer de France; surintendant des finances, fortifications et bâtiments du roi ; gouverneur et lieutenant général pour Sa Majesté en Poitou, Châtelleraudois et Loudunois ; gouverneur de Mantes et de Jargeau; enfin, capitaine du château de la Bastille de Paris.» —Hélas ! rien n'est jamais complet en ce monde, un titre manquait à la kyrielle ; Sully, qui ne voulut jamais abdiquer l'hérésie, ne put être décoré des ordres du roi. Cette mauvaise langue de Tallemant des Réaux prétend qu'il y suppléait, au moins chez lui, en s'entourant le cou d'une grosse chaîne, rappelant le collier de la Toison-d'Or, et à laquelle pendait un grand médaillon à l'effigie d'Henri IV.

derniers temps surtout, une suite d'acquisitions, faites
certainement en vue d'un but déterminé, avait réuni en
ses mains la plus forte partie de l'antique héritage des
Seuly, primitifs seigneurs de Boisbelle. L'érection en
duché-pairie de la terre de Sully, faite à son profit en
1606, ne fut que l'aboutissement d'un plan qu'il dut
caresser du moment peut-être où l'affermissement de la
fortune de son maître assurait désormais la sienne.

Évidemment, il songeait à faire renaître pour son
compte l'antique splendeur des Seuly. Quel avenir à ce
moment n'entrevoyait-il pas? Seul il eût pu le dire,
mais, comme maint grand ambitieux que l'histoire signale, ne rêvait-il pas plus qu'un duché? Pour y arriver
il ne pouvait mieux faire que d'acquérir la principauté,
jusqu'alors obscure, de Boisbelle. Son affaire serait ensuite d'user des priviléges singuliers et séculairement
reconnus de ce petit royaume, en les affermissant encore par la protection d'Henri IV et les étendant même
au besoin, si possible.

Nous savons à quel point les affaires du duc de Nevers
étaient embarrassées et dans quels besoins d'argent il se
trouvait. Sully avait déjà commencé d'exécuter son
projet, en lui venant en aide par l'acquisition de ses
domaines du Bourbonnais : c'était bien plus que d'ache-
ter Boisbelle. Si cette principauté était beaucoup pour
Sully, et comme enclave entre ses terres de la Chapelle
et des Aix, et comme instrument favorable à ses projets
de grandeur future, dont elle pouvait devenir le pivot,
elle ne pouvait guère présenter ce caractère pour Gonzague, qui n'y voyait sans doute en somme qu'une souveraineté sans valeur réelle et sans revenu effectif.

Rosny n'eut donc pas grand'peine à amener le duc au but de ses désirs, et il y eut entente parfaite des deux parts pour que la propriété changeât de maître.

Par contrat du 31 août 1605, reçu Mes Guillard et Bontemps, notaires au Châtelet de Paris, le prince Charles de Gonzague et de Clèves, duc de Nivernois et Rethelois, prince de Mantoue, etc., vendait à Maximilien de Béthune, marquis de Rosny, « la terre et seigneurie ou souveraineté de Boisbelle, consistant en bourg et villages, terres labourables, prez, bois, étangs, cens et rentes, vassaux et arrière-vassaux, et en toute justice et autres appartenances et dépendances généralement quelconques de ladite terre, seigneurie ou souveraineté de Boisbelle, *assise près du pays de Berry...* etc. (1). » Ladite vente faite moyennant la somme de 42,000 livres tournois (2).

(1) J'insiste sur ce qu'il me semble y avoir de caractéristique dans cette désignation venant de Sully, qui a dû dicter la formule du contrat, lorsque l'on rapproche ce détail des projets d'avenir prêtés à l'acquéreur.

(2) Il y a lieu d'observer que ce chiffre est en désaccord de 16,000 livres avec le témoignage de Sully lui-même. On lit dans les *Royales Œconomies d'Estat* (IIe part., ch. LI) : « Plus, par contract avec M. de Nevers, vous acheptastes les terres de Montrond, Henrichemont et la Chapelle la somme de 210,000 livres, ascavoir : Montrond, 100,000 liv.; la Chapelle, 56,000 liv.; et Henrichemont, 54,000 liv.; cy : 210,000 livres. » Sully ajoute qu'il paya la terre du Châtelet 60,000 liv., celle de Culant 88,000 liv., et celle de Bangy 120,000 livres. Est-ce, au fait, de cet écart dans les chiffres ci-dessus mentionnés qu'alluderait la mention suivante qui se lit à la col. 537 de l'*Inventaire des titres de Nevers*, par l'abbé de Marolles : « 1605, Pièces pour le duc de Nevers avec le duc de Sully, à cause de la *lezion d'outre-moitié du juste prix* de la souveraineté de Boisbelle et des terres de Saint-Amand-Montrond, la Chapelle et autres, veux

Avéc les plans d'ambition que nous supposons au nouveau maître de Boisbelle, appuyé, comme il l'était, par le roi, on conçoit qu'il n'en laissa pas chômer les priviléges ; et son premier soin fut d'en assurer la confirmation par lettres royaux ; c'était, pour ainsi dire, se mettre en possession de Boisbelle, en faisant acte de seigneur. Mais un soin plus grave ne devait pas tarder à le préoccuper, en prouvant que le nouveau souverain, qui prenait son titre au sérieux, contrairement à ce qu'avaient fait ses prédécesseurs, songeait à entourer sa principauté d'une sollicitude toute particulière, parce que, suivant toute apparence, elle devait tenir une grande place dans sa vie.

Nous arrivons au fait qui assigne une place à part à Sully parmi tous les seigneurs de Boisbelle, à celui par lequel il y a laissé trace indélébile de son passage, à la fondation d'une capitale dans sa souveraineté.

Un beau jour de l'année 1609, une activité inaccoutumée vint s'emparer des solitudes de Boisbelle : après nombre d'allées et venues d'inconnus dans le bourg, on vit sur le plateau qui le dominait faire des sondages et planter des piquets, comme si un camp allait s'y établir. Un surcroît de population de près d'un millier d'ouvriers de toute sorte vint s'installer autour du bourg de Boisbelle et sur maint autre point de la principauté. Bientôt les bûcherons se répandirent dans les futaies du

dues au duc de Sully ? » — On pourrait induire de cette note que la réclamation du duc de Nevers aurait eu pour résultat le versement postérieurement fait par Sully d'une soulte complémentaire du prix réclamé.

voisinage, et la hache se mit à abattre avec furie les chênes et les châtaigniers séculaires, tant et si bien que ce qui était bois devint brande. En même temps, des carrières étaient ouvertes dans les environs et des fours à chaux et à brique s'installaient çà et là aux alentours. Sully jetait les fondements de la ville d'HENRICHEMONT : Idoménée bâtissait Salente, Romulus commençait Rome. C'est là l'événement saillant de cette histoire.

Bâtir une ville d'emblée et sur terrain neuf, surtout au beau milieu d'un vieux pays comme la France, n'est pas une conception qui vienne à l'esprit de tout le monde, ni qui se rencontre tous les jours : il faut pour cela, outre l'heure propice, un homme spécialement doué et posé, et chez cet homme une idée. L'homme, nous le connaissons ; mais quelle put être l'idée à laquelle il obéissait en s'improvisant ainsi fondateur de ville ?

Sans doute l'activité de Sully aimait à s'employer en bâtisses qui flattaient ses goûts en le délassant de ses lourds travaux d'administrateur et d'homme d'État. Bâtir fut une de ses passions et il donna libre carrière à cet engouement, lorsque sa retraite de la cour le laissa plus maître d'ordonner l'emploi de ses loisirs. On conte que, durant les longues années qu'il vécut encore, il construisit entièrement les châteaux de Rosny et de Montrond, qu'il termina celui de Villebon, qui n'était que commencé, augmenta et embellit ceux de la Chapelle-d'Angillon et de Montigny, dota les Aix d'un hôtel-dieu, en même temps que, dans plusieurs de ces localités, il établissait des jardins magnifiques, dont il

avait la passion, non moins que celle des beaux édifices.
Mais l'amour de la maçonnerie, si loin qu'on le suppose
poussé, ne justifie pas à lui seul l'idée d'édifier une ville
entière d'un coup. Il a dû y avoir chez celui qui en a
conçu et a essayé d'en réaliser le plan cette secrète pensée dont nous parlions plus haut, et qu'il est de notre
intérêt de rechercher. Nous devons nous demander
ce que rêvait, ce qu'espérait Sully quand il jetait les
fondements de sa ville neuve.

Le ministre d'Henri IV, ne l'oublions pas, était doué
d'une incommensurable vanité ; arrivé péniblement et
de peu à une grande position, on peut le supposer dé-
voré du secret désir d'atteindre encore plus haut, aussi
haut que possible, d'égaler dans une certaine mesure
ces grands seigneurs, les Mercœur, les Bouillon, qu'il
avait vus, non sans une secrète envie, étaler une morgue
quasi royale dans des gouvernements presque indépen-
dants, et en affectant des allures qui rappelaient les
puissants barons feudataires de l'ancienne France. N'a-
vait-il pas eu, pour son compte, la chance d'acquérir à
beaux deniers une souveraineté? Ce n'était guère plus
qu'un titre, il est vrai ; pourquoi n'en ferait-il pas une
réalité? Je ne prétends pas sans doute avancer qu'il ait
nourri des pensées de rébellion. Il savait bien que tant
que son maître vivrait la méfiance de ce dernier ne lui
permettrait pas des manifestations pouvant faire le
moindre échec à l'éclat de la couronne. Un jour, le
prenant à part, le Béarnais ne lui avait-il pas insinué
ceci en manière d'avertissement : « Ne vous attendez
point que je vous baille de grandes villes et fortes
places, par le moyen desquelles et de votre grand crédit

et capacité, vous joignant ou aux huguenots ou à d'autres factions, vous puissiez vous passer de moy, voire troubler le repos de mon esprit et la paix de mon royaume quand bon vous sembleroit ; je veux donc, en vous faisant des biens et des honneurs qui ne seront pas petits (je le vous promets ainsi et vous en donne ma foy et ma parole), ils soient néantmoins tels qu'ils dépendent toujours de ma bienveillance, et qu'icelle venant à manquer ils ne puissent par quelque esprit vous porter à me nuire, et moy donner mauvais exemple aux miens (1) ?.... »

C'est Sully lui-même qui nous a conservé ce souvenir dans ses Mémoires, et, en cette circonstance, il n'est guère suspect. Pourquoi cette sortie du roi contre son fidèle ministre ? Avait-il donc cru voir se trahir chez lui le germe d'ambitieuses visées ?

Quoi qu'il en soit, le caractère de Sully et même son intérêt ne nous permettent guère de lui attribuer des vues contraires à la prospérité de celui qu'il avait toujours servi. Cependant le roi devait mourir un jour; il avait la conscience de sa fin prochaine. Son serviteur, plus jeune que lui de quelques années, pouvait bien espérer de lui survivre. Il prévoyait que, le cas échéant, il ne resterait sans doute pas aux affaires. Personne ne l'aimait à la cour : le nouveau roi, sous l'influence de la reine mère et des courtisans, ne manquerait pas de le remplacer par quelque ministre plus jeune et plus sympathique. Donc il était prudent de se préparer d'avance

(1) Œconomies royales, IIe part., chap. XI.

une retraite en la faisant aussi belle que possible. C'est alors que devait intervenir un rêve d'avenir où l'orgueil outré de cette nature amie de la piaffe et de l'apparat se donnait libre carrière.

Quelle perspective pour cet amoureux de gloriole ! Dans cette grande province du Berry où, depuis les temps carlovingiens, nulle grande famille ne s'était élevée en face de la couronne, il avait à lui un royaume tout créé, avec ses immunités, ses priviléges, sa constitution politique; il ne s'agissait plus que de faire vivre, pour ainsi dire, cette ombre d'empire; c'était à quoi il allait s'employer. Et, tout d'abord, il s'y construirait une capitale toute neuve, en terrain libre, par conséquent bien à lui, et, comme il disait en reproduisant une vieille formule du passé, « près du pays de Berry.» Là, il trônerait sur des sujets que, nouveau Romulus, il appellerait de partout, avec ses gardes, ses officiers, son conseil souverain et tout l'attirail de pompe dont il aimait à s'entourer chez lui, et qu'il augmenterait à cette occasion.

Songeait-il en outre, comme on l'a dit, à en faire un des boulevards, la capitale peut-être du protestantisme en France? Ça été le sentiment d'une partie au moins de ses contemporains, et ses ennemis se sont fait une arme contre lui de cette occupation.

« On fit circuler, on adressa même au roi, qui s'en amusa, un pasquil ou pamphlet assez piquant sous le titre de PRIVILÉGES, LIBERTEZ ET FRANCHISES DE LA VILLE CAPITALE DE BOISBELLE. — « Dieu, y disait-on, sera servy en ladite ville à la fantaisie du prince d'icelle,

nonobstant le concile de Trente, auquel quant à présent
sera dérogé. — La foy et les cérémonies de la primitive
Église seront bannies comme surannées, ne servant qu'à
tenir le peuple en humeur et obéissance, vices contraires
à la réformation du temps qui court..... — Tous juifs,
musulmans, anabaptistes, martinistes (1), zingliens,
puritains, calvinistes, et autres gens de bien y seront
admis avec la liberté de conscience, tant nécessaire pour
maintenir au monde l'indévotion et l'irréligion.... —
Tous mariages se feront à ladite ville à discrétion, même
se pourront consommer par procureurs sans procura-
tion... — L'histoire fantasque du président de Thou,
corrigée par Casaubon, y sera autorisée, et si autrement
est dit à Rome, sera appelé comme d'abus... — Le bon-
homme *Desdommagement* (2), fondateur de ladite ville,
sera à perpétuité honoré en icelle... — Ladite ville ser-
vira de passage aux paquets qui seront portez de Genève
à la Rochelle pour la tranquillité de la France... et
pour mémoire éternelle de l'heureuse édification de ladite ville, sera gravée sur le fronton d'icelle cette honorable inscription :

> Par l'audace d'un Escossois
> Poussé d'un insolent mérite,
> Cette ville a été construite
> Du sang le plus pur des François (3). »

(1) Disciples de Martin Luther.

(2) Il faut par ce mot entendre soit, comme ledit M. de Raynal,
les indemnités réglées par Sully au profit de ceux qui avaient souffert de la guerre civile, et non sans qu'il lui en restât entre les
mains quelque part à titre de commission, soit les « pots de vin »
dont parle Tallemant des Réaux, et que, suivant la mode du temps,
il aurait perçus comme gratifications, lors des traités passés par lui
avec les fermiers de la taille et des autres impôts.

(3) De Raynal, *Histoire du Berry*, X, 4.

Mais un pamphlet est plus souvent une œuvre de haine qu'un monument de justice. L'attachement de Sully pour la religion dans laquelle il était né, et à laquelle, s'il faut l'en croire, il aurait été jusqu'à sacrifier pourl ui et ses enfants l'avenir le plus brillant qu'il pût concevoir, cet attachement ne dépassa jamais les bornes d'une sage et prudente politique, à ce point que ses co-religionnaires les plus ardents l'accusaient de tiédeur, presque de trahison.

Cela rend déjà douteux le projet qu'il aurait pu concevoir de songer à se faire jamais le chef d'une armée protestante en lutte avec le trône. Il ne faut pas perdre de vue d'ailleurs qu'il construisait du vivant et avec l'agrément d'Henri IV. Or, nous avons exposé comment il n'était pas dans les intentions de celui-ci, qui avait tant eu à souffrir de l'esprit réfractaire de l'aristocratie, de donner à aucun de ses membres, celui-là fût-il son meilleur ami, des moyens d'agir contre lui.

Avec un esprit que les dures épreuves du passé avaient rendu si soupçonneux, même envers ceux dont il devait se croire le plus sûr, le roi n'aurait pu voir d'un bon œil une entreprise qui, dans un temps quelconque, eût été de nature à compromettre cette paix à l'intérieur si chèrement acquise et qu'il considérait comme le plus grand bienfait de son règne ; or, il semble qu'une forteresse de huguenots de plus et au centre du royaume n'eût pas été de nature à le rassurer en ce sens.

Et d'ailleurs, si telle eût été l'intention de Sully, à quoi bon se forger les embarras inouïs d'une ville à créer de toutes pièces, dans la situation la plus ingrate du monde, loin de matériaux de solide construction, dont la privation ne pouvait que ralentir l'achèvement que le fondateur devait avoir à cœur de hâter le plus possible, et, de plus, dans une telle assiette que sa salubrité était plus garantie que sa sécurité, les travaux de défense qu'on aurait pu songer à y établir n'étant aidés ni par la proximité d'un grand cours d'eau, ni par l'escarpement des terrains ? Est-ce qu'il ne possédait pas dans le même pays des villes tout établies, dans une situation bien plus avantageuse pour la défense, avec forteresse centrale, et qu'il eût suffi de compléter pour atteindre le but qu'on lui prête ? La Chapelle-d'Angillon, par exemple, n'eût-elle pas cent fois mieux fait l'affaire (1) ?

Que Sully vît dans Henrichemont un asile pour bon nombre de ses coreligionnaires, rien de plus acceptable ; qu'il ait cru devoir, en raison du temps où il vivait, garnir sa ville de défenses, ne fût-ce que pour parer à un coup de main, dans une circonstance donnée, rien encore là que de très-naturel ; mais ce que son maître n'aurait pas souffert, et ce que lui-même, je pense, ne dut guère avoir en vue, c'est que cette ville d'asile fût une place-forte, une place de guerre. En effet, malgré ses tendances féodales, Sully était royaliste, il avait lui-même trop souffert de l'anarchie pour ne pas la haïr et

____

(1) Le séjour de la Chapelle était un de ceux que Sully affectionnait surtout. Après celui de Villebon, où il résidait six mois de l'année, c'était le château de la Chapelle qu'il visitait le plus volontiers. Il était là à trois lieues seulement d'Henrichemont et pourtant, chose remarquable, on ne voit pas que, à si courte distance, il ait jamais poussé jusqu'à cette dernière localité : aucun souvenir du moins ne nous en est parvenu.

songer jamais à pratiquer la rébellion. Henrichemont, centre de révolte calviniste contre le trône, lui eût, je n'en doute pas, semblé un crime, une folie.

Malgré les préjugés du temps, l'expérience lui avait appris que ce n'est jamais pour le progrès et l'amélioration de la société que combattent ceux qui s'engagent sous la bannière religieuse, et que la civilisation n'a rien à gagner aux querelles dogmatiques soutenues les armes à la main. Il avait assisté à la naissance du jésuitisme, effroyable machine de guerre que l'Église aux abois lançait contre la revendication toujours plus pressante de l'esprit humain; il en avait suivi la marche avec inquiétude, et il en avait souffert pour son compte (1); mais faire battre huguenots et jésuites, et pour cela se créer un camp à Boisbelle, c'était une idée telle que sa prudence et sa sagesse l'en rendaient incapable; tel est du moins notre avis.

Donc, tout en tenant compte de la tendance naturelle qui devait porter Sully à bien accueillir ses coreligionnaires dans son nouveau domaine, et à leur y assurer un refuge au besoin, ne serait-ce pas mieux reconnaître le caractère de l'homme que de croire à un projet, dicté par des intentions pacifiques plutôt que destiné à rappeler des temps de troubles, qui devaient être pour Sully un sujet d'aversion? Ne pourrait-on pas (même en prenant le huguenot comme un des éléments consti-

____

(1) Le journal de L'Estoile, sous la date de mai 1611, publie qu'à cette époque courut une caricature représentant Sully en disgrâce, prêt à se noyer et cherchant à se sauver à l'aide de vessies que les jésuites essayaient de crever. Le crayon complétait ainsi la satire dont nous avons cité des fragments.

tatifs du plan que le ministre d'Henri IV comptait peut-être réaliser avec cet aide, de ce qu'on pourrait appeler son *et in Arcadia ego)*, ne pourrait-on admettre qu'il tendait à traduire en fait, et dans la mesure que le temps et la situation comportaient, l'idéal d'un roitelet semi-agricole, d'un souverain du labourage ?

Sully n'était pas seulement, qu'on s'en souvienne, un ministre de la guerre, c'était aussi un économiste et un grand partisan des améliorations rurales. Son fameux adage « Pâturage et labourage sont les deux mamelles de l'État » en font foi au besoin. Dans certaine mesure, il l'était également de l'industrie, pourvu que ce ne fût pas de l'industrie de luxe ; pourquoi n'admettrait-on pas qu'il chercha surtout à créer un centre agricole et industriel ? La contrée de Boisbelle est comme un éperon de la Sologne avançant dans les plaines calcaires du Berry ; pourquoi n'y aurait-il pas eu là, au début du XVIIe siècle, et dans la forme que l'époque semblait autoriser, comme un premier essai d'amélioration de la Sologne ?

Et même l'accueil fait par le fondateur aux calvinistes dans ce centre n'eût-il pas eu cette signification, du moment que l'idée de lutte et de guerre en est éloignée ? Qu'on n'oublie pas que, à l'heure où cela se passait, les réformés représentaient au fond (la question de culte mise de côté), dans les villes, la bourgeoisie industrielle et travailleuse, et dans les campagnes cet idéal d'administration agricole progressive qui semble avoir été si bien dans les idées de Sully.

En somme, j'aimerais assez à voir dans ce mystérieux

projet un de ces rêves que l'homme souvent caresse
toute sa vie, avec l'espoir plus ou moins fondé de l'accomplir un jour, — ce qu'il lui est rarement accordé de
faire, — quelque chose dans le genre de ce que l'histoire
littéraire de la Perse raconte de l'auteur du *shah Nameh*,
travaillant jusqu'à son extrême vieillesse à doter son
pays du poëme qui fait sa gloire, avec l'ambition secrète
de consacrer le produit de ce travail à une entreprise de
fertilisation, et mourant au moment d'accomplir l'œuvre
qu'il avait si longtemps caressée dans sa pensée.

Que Sully eût associé Henri IV à cette idée, rien de
surprenant en cela : le Béarnais était homme à le comprendre en cette circonstance comme en tant d'autres.
Il se pourrait même à la rigueur que le choix de l'ancienne terre de Boisbelle n'eût pas été indifférent au roi,
comme lui rappelant une tradition de famille (1). Mais
on comprend aussi que ce fut une pensée entre eux
deux seuls et à laquelle ne furent intéressés aucun des
grands personnages du temps, ce qui n'eût pas manqué
d'avoir lieu s'il se fût agi là d'un projet tout politique.

---

(1) Jeanne d'Albret, mère du roi, reconnaissait pour trisaïeul Jean
d'Albret, ce frère d'Armand Armanjeu qui, au xvᵉ siècle, dans le
partage de la succession paternelle, hérita de la terre de Boisbelle.
Il y avait donc là pour le maître de Sully un souvenir qui le touchait
personnellement. Il n'aurait dépendu que d'un léger changement
dans l'ordre d'hérédité pour que cette terre fût plutôt à Jean qu'à
Armanjeu d'Albret, auquel cas elle ne fût peut-être jamais sortie
de la maison, en sorte qu'Henri de Béarn l'eût apportée parmi ses
propres en montant sur le trône. Dans ce cas-là, Boisbelle n'eût
été réuni à la couronne que près de deux siècles plus tard qu'il
le fut, et Henrichemont n'eût très-probablement pas été fondé. A
quoi tiennent les destinées d'un pays !

Dans toute cette question il ne faut pas perdre de vue de quel amalgame était formé l'esprit de Sully. Si égaré qu'on le suppose par son rêve, ce serait se tromper que de voir en lui un dormeur éveillé et surtout un novateur. On ne doit pas oublier qu'en somme le passé (pourvu qu'il fût mêlé de quelque chimère de l'âge d'or féodal) avait toutes ses préférences. Un esprit fin l'a justement comparé à Caton l'ancien pour la tournure des idées, et même du caractère (1).

Voilà l'homme, et cet homme, il se comprend mieux quand on le place dans son milieu. Les vicissitudes de la société permettent à certaines dates d'apprécier plus spécialement qu'à d'autres les faits et les idées des temps écoulés. Il se trouve qu'aujourd'hui l'une des préoccupation de l'économie sociale se rencontre avec ce qui faisait le souci de Sully, je veux parler du dépeuplement des campagnes au profit des villes. « Sully, a dit un de ses panégyristes, regardait comme un des principes du gouvernement économique de veiller à la diminution de

(1) C'est dans un passage de Sainte-Beuve que je veux transcrire ici, parce qu'il me semble compléter naturellement le point de vue sous lequel j'essaie de faire envisager mon héros. « Il est bien pour nous, dit le célèbre critique, le représentant de la haute noblesse militaire et rurale, ménageant et administrant admirablement ses terres, bâtissant et fortifiant ses châteaux, les embellissant, se promenant sur des terrasses ou dans de longues allées de grands arbres, le long d'un canal, les jours où il ne se promène pas de préférence dans les grandes halles pleines de canons qui étaient entre l'Arsenal et la Bastille; et, le soir même, quand il est aux champs et dans la tranquillité, aimant à rentrer dans un château flanqué de six tourelles, comme l'était la Bastille encore, ou comme l'était son château de Villebon, et à dormir derrière les fossés et les ponts-levis. » (Voir l'étude consacrée à Sully par Sainte-Beuve, dans ses *Nouvelles causeries du lundi*.)

ces grandes masses (des villes) (1). » Elles lui paraissaient soutirer le meilleur des forces vives du pays qu'elles épuisaient. Sa préoccupation était donc d'encourager, en vue d'améliorer l'agriculture, le peuplement des bourgs et des villages, qu'il préférait aux grandes villes. Dans ce but, il aurait voulu voir aussi la noblesse exploiter elle-même ses terres, s'attacher aux travaux du sol et faire prospérer la richesse foncière du pays, qui y eût gagné non-seulement au point de vue de la production et de l'aisance, mais aussi au point de vue de la paix intérieure. Il faut avouer que c'est là, en tout cas, une politique autrement grande que la politique à la Louis XIV.

Qu'y aurait-il d'étonnant que l'homme en qui dominaient ces idées eût essayé de prêcher d'exemple en cherchant à réaliser chez lui ce qu'il préconisait chez les autres? Sully vieillissait; il avait énormément agi et travaillé; il était à l'âge où l'on songe à se préparer sa retraite. Mais la retraite pour les hommes de cette trempe c'est le travail sous une nouvelle forme, appropriée à un autre âge. Henrichemont, dans sa pensée, devait être l'œuvre des derniers jours, et, si l'on réduit son rêve à des proportions raisonnables, ne s'y voyait-il pas en songe et longtemps encore, sinon jusqu'à la fin, couvert par la protection de son royal ami, roi lui-même dans sa petite souveraineté, tranchant, taillant, légiférant, bâtissant, semant et plantant, donnant à cette aristocratie turbulente, travailleuse, grossière et néfaste de son temps, contre les mauvaises

____

(1) Voir l'*Éloge de Sully*, par Thomas, dans l'édition de 1768, p. 43.

intentions de laquelle il avait toujours lutté, l'exemple souverain de ce que devait être un seigneur en ses terres?

Loin de pouvoir poursuivre cet idéal, il lui fallut plus tard se dérober à ses ennemis parvenus à la faveur ; mais, en 1608, on ne prévoyait pas l'effroyable catastrophe qui, à moins de deux ans de là, devait anéantir tant d'espérances ; et voilà sans doute pourquoi la fondation d'Henrichemont fut décidée (1).

Toutefois, et même en restant dans cet ordre d'idées, il semble que le côté chimérique de l'entreprise s'associerait mal avec ce que l'on connaît de l'esprit positif du fondateur. Loin de voir en Sully un esprit à vastes conceptions, porté aux projets hasardeux, on est plus généralement tenté de chercher en lui l'homme essentiellement pratique, en le classant parmi ces intelligences d'ordre un peu secondaire, utiles, précieuses même par la nature de leurs facultés aux cœurs hardis

(1) Il n'est peut-être pas inutile de faire remarquer que l'idée de cette fondation est du même temps que l'important édit du mois de janvier 1607, rendu au nom d'Henri IV, mais sans doute sous l'inspiration de Sully, pour le dessèchement des marais du royaume. Pour procurer à cette grande opération toutes les facilités d'exécution, en même temps que pour en tirer tous les résultats, le législateur offrait aux entrepreneurs les plus grands avantages particuliers, et en outre s'efforçait de faire des terrains envahis sur les eaux autant de nouveaux centres de population, en s'engageant à y bâtir des villages et promettant d'y accorder à ceux qu'il y appelait des concessions de foires, des exemptions d'impôts et des priviléges. — Ne semble-t-il pas que dans ces mesures on retrouve comme un complément ou un germe de la pensée qui donna naissance à Henrichemont ?

et entreprenants, qui se les attachent et se déchargent volontiers sur eux du souci et du tracas des opérations de détail. Bons comptables, ces Mécènes mettent de l'ordre dans la maison de leur maître comme dans les affaires de l'État, dont ils apurent les comptes ; bons administrateurs, ils organisent et surveillent les services domestiques comme ceux du royaume. Quant aux projets lointains, aux plans plus ou moins réalisables, s'ils y prennent part, c'est plutôt à titre de freins que de propulseurs. La prudence est leur fort, et l'initiative aventureuse ne figure pas en première ligne dans le rôle qu'ils ont à jouer. Pour ceux qui ne voudraient voir que ce côté de l'homme, Sully ne se posera guère au premier abord comme un faiseur d'utopies : qui sait pourtant ce que peut en ce genre un esprit qui sort des gonds ? L'ambition et la vanité, tout autre motif mis à part, expliquent bien des choses. On peut être doué de tout le bon sens possible et posséder la pratique de l'expérience au complet, mais, quand on a passé sa vie à aider un homme dans la réalisation d'un rêve qui n'est rien mois que l'aspiration au trône de France, on peut bien aussi avoir son rêve, sinon sa folie.

Et puis cette froideur d'esprit était-elle donc si bien dans la nature de Sully qu'il ait tant haï la chimère ? Qui donc de lui ou de son maître conçut, dans des proportions qu'on s'accorde à considérer, du moins quant à l'époque, comme vraiment utopiques, le fameux plan des États-Unis d'Europe, qu'il nous a si complaisamment retracé dans ses Mémoires ? N'est-ce pas à lui que généralement on attribue le côté tout fantastique de ce plan ? Après tout, dans cette conception, le fondateur d'Henrichemont s'éloignait-il donc si fort des idées de son temps ? Ne l'y auraient-elles pas plutôt porté ? La mode, il faut bien le dire, était un peu de ce côté, et l'ambitieuse prétention de Sully ne fût pas alors un fait entièrement isolé. On peut y retrouver un coin de cet esprit d'aventure qui posséda une grande partie des contemporains de ce siècle agité. Sully trouvait donc à s'autoriser en quelque sorte sur des analogies vivantes; et, pour n'en citer qu'un ou deux exemples, je rappellerai que, presque concurremment à la fondation d'Henrichemont, Charles de Gonzague, l'ancien seigneur de Boisbelle, élevait sur les bords de la Meuse, en sa qualité de duc du Rethélois, la place qui, de son nom, fut nommée *Charleville*, et que, quelques années auparavant, Du Fay, petit-fils du chancelier de L'Hôpital, ayant été nommé lieutenant du roi à Quillebœuf, avec ordre de le fortifier, pendant que le roi assiégeait Rouen, avait entouré le bourg de défenses en terre et lui avait donné orgueilleusement le nom de *Ville-Henri* ou *Henriquarville*, ce qui fut cause d'une disgrâce qu'il prit tellement à cœur qu'il en mourut, dit-on. Le nom et la chose n'ont-ils pas pu servir de modèles à Sully, qui était, lui, à couvert d'une pareille dé-faveur?

D'autre part, que ce soit l'esprit de parti, la chimère du progrès ou l'excès d'orgueil qui ont suggéré au fondateur d'Henrichemont cette idée de construire une ville tout d'une pièce, il faut reconnaître que ce fait signale que le monde est entré dans une ère nouvelle. Les tendances de la société et du gouvernement sont à la centralisation et à la bâtisse, comme aux temps de la Rome impériale. Jamais un prince ni un seigneur du moyen âge ne se fussent avisés de cela. Si la fantaisie les prenait de gâcher le mortier ou d'entasser les pierres, c'était pour édifier un château ou une église, et, tout au plus, un bourg, à titre d'annexe ; mais faire une ville pour elle-même, cela rentrait dans un ordre de conceptions qui tranchaient sur celles du monde féodal et prouvaient que Sully n'était pas seulement l'homme des bastilles et des châteaux-forts.

En résumé, pour se rendre bien compte de la disposition où était la France au moment où cette entreprise se faisait, n'oublions pas le double courant qui animait les esprits à cette époque, courant à la fois pacifique et organisateur. Cette soif de repos et de jouissances, qui se manifeste toujours à la suite des grandes crises, faisait alors revenir les lettrés aux rêves de l'âge d'or dans les inventions poétiques de l'*Astrée*, tandis qu'un génie plus essentiellement pratique encourageait le même sentiment dans une direction favorable aux travaux de l'agriculture et des arts, et donnait à la France le beau livre d'Olivier de Serres, en concurrence avec les œuvres de nos artistes du Louvre.

Deux tendances pareilles se manifestaient aussi parallèlement dans le sens organisateur, et cela non-seulement en France, mais en Angleterre et en Italie, car un sourd besoin d'amélioration se faisait partout sentir. Dans le domaine de la théorie plus ou moins fantastique, Thomas Morus avait déjà repris l'essai de république de Platon, en quoi le moine Campanella allait bientôt l'imiter pour aboutir en dernière analyse à la conception salentine de l'auteur du Télémaque. On pourrait comprendre à la rigueur Henrichemont comme une sorte de

Salente anticipée et avortée, et l'on doit admettre que Henri IV, qui était au niveau de tous les besoins de son temps, n'était pas indifférent à celui-là.

Il ne faut donc pas s'y tromper, si l'idée de la fondation d'Henrichemont germa primitivement dans la tête de Sully, ce fut en réalité une conception du temps, dont la réalisation n'a été possible que parce qu'elle flattait quelque penchant de celui qui régnait alors en France. Ainsi s'expliquerait, tout autre motif excepté d'ailleurs, que le protecteur, sinon l'instigateur de l'œuvre une fois tombé, l'œuvre elle-même ait échoué, et que la construction déjà avancée se soit trouvée suspendue pour n'être plus reprise par la suite.

Mais s'il peut y avoir incertitude sur les motifs qui dictèrent à Sully l'entreprise de cette fondation, il n'y a aucun doute sur les conditions dans lesquelles elle se fit. « Le 24 décembre 1608, dit M. de Raynal, au bourg de Boisbelle, en présence de François Le Mareschal, sieur de Corbet, trésorier général des finances, que nous avons vu jouer un assez grand rôle à Bourges pendant la Ligue, et de Pierre Éverard, secrétaire de la chambre du roi, il conclut un marché pour la construction de la nouvelle ville avec Hugues Cosnier, entrepreneur du canal de Briare ; Jonas Robelin, maître maçon de Paris ; René Besnard et René Villette, marchands de Tours. J'ai cette convention revêtue de la signature de Sully sous les yeux, et certes il existe en Europe bien peu de villes ou de bourgades qui puissent ainsi montrer leurs titres d'origine (1). »

____

(1) *Histoire du Berry*, liv. X, chap. IV.

Depuis le jour où ces lignes furent écrites, ce titre est entré dans nos dépôts publics, où il n'aura plus à redouter le sort caduc des propriétés particulières, et il nous est permis de le reproduire dans l'intégrité de sa teneur (1) :

« Le vingt-huitiesme jour de décembre mil six cens et huict, par devant Samuel Cristofle, notaire en la Souveraineté de Boisbelle, furent personnellement establis Hugues Cosnyer, entrepreneur du canal de Briare, demeurant à Paris, rue des Barres, paroisse Sainct-Gervais, et Jonas Robelin, maistre masson, demeurant audict Paris, rue Chappon, paroisse Sainct-Nicolas-des-Champs, pour eulx et pour une moictyé, d'une part ; et René Besnard, René Vilette, marchans, demeurans en la ville de Tours, pa-

(1) Le marché pour la construction d'Henrichemont a **déjà été** imprimé deux fois à notre connaissance : la première fois, en 1859, dans le numéro 2, page 41, de la *Revue centrale des arts en province*, publication éphémère qui n'a compté que trois livraisons. Cette reproduction, entachée de quelques erreurs de transcription, était due aux soins de M. de Girardot. La seconde, qui date de 1863, se trouve à la suite de l'*Histoire du royaume de Boisbelle*, d'Aymé Cécyl ; elle a été faite d'après une copie horriblement fautive et signée A. Panariou, sous-inspecteur des forêts. Ce dernier tenait la minute du sieur Joseph de Vailly, d'Henrichemont, entre les mains duquel des circonstances inconnues l'avaient amenée. Le copiste en question obtint sans doute de garder cet original, car, vers 1840, il était en la possession d'un autre Panariou, juge de paix à Henrichemont, qui le communiquait à M. de Raynal, pour qu'il s'en aidât dans la confection de son histoire. En 1864, ce contrat fût enfin déposé aux archives du Cher, où il fait partie d'une liasse consacrée à Boisbelle-Henrichemont, sous la cote E. 8, et récemment formée d'un petit nombre de pièces, épaves de l'auto-da-fé qui, en 1793, consuma les archives de la principauté. Cette connaissance, toujours rare, de l'odyssée d'un titre historique, est une particularité à ajouter à celles qui distinguent celui-ci.

roisse Saincte-Croix ; Georges Boisnyer, marchant, demeurant à Orléans, paroisse Sainct-Pierre-la-Chantelle, et Claude Allaire, marchant, demeurant à Amboise ; estans tous de présent en cette d. Souveraineté de Boisbelle, aussi pour eulx et pour l'aultre moictyé, d'aultre part, et chascun des susnommez pour leur d. moictyé ; lesquels chascun d'eulx seul et pour le tout, sans division de parties ne de biens et l'un pour l'aultre, ont promys et se sont par ces présentes obligez vers Monseigneur le duc de Sully, pair, grand voyer, grand maistre et cappitaine général de l'artillerye et canaux de France, tant pour luy que pour ceulx qu'il luy plaira nommer, présent, stipullant et acceptant, de faire bien et deucment les ouvrages et besongnes cy-après déclarées en la ville d'HENRYCHEMONT, en cette dicte Souveraineté de Boisbelle, qu'entend faire mondict seigneur duc de Sully :

« *Premièrement*, la closture de ladicte ville, qui aura de chascun costé deux cens cinquante-six toises de long de muraille, de telle haulteur, profondeur et espoisseur qu'il luy plaira, qui seront faicts de bons cailloux et chaux et sable, fors que les portaux et encoigneures, canonyères et talluz du dessoubs des ponts-levis seront faicts de pierre de taille, dont sera payé à raison de dix-sept livres tournois la toise cube, tant plein que vuide ; et en cas que mondict Seigneur vueille que les paremens soient de brique, en sera payé dix-huict livres pour chacune toise cube. — *Plus*, faire les fossez tout autour de lad. ville, de telle profondeur et largeur qu'il plaira à mond. Seigneur, et porter toute la terre derrière icelles murailles pour faire ung rempart en forme de levée, et encore faire porter toute la terre, dont sera payé à raison de trente sols tournois pour chascune toise cube de terre à oster, à la charge aussi que les susdicts entrepreneurs employeront les terres qu'ils feront tirer des fondemens

et caves des maisons et autres endroicts à l'applanisse-
ment de la ville, laquelle ils réunyront; en sorte que l'on
y pourra donner après toutes les pentes nécessaires pour
l'esgout des eaues.— *Plus*, faire dans lad. closture une
Églize, ung Temple, ung Collége, seize corps de logis,
une hostellerie et une halle, dont les murs, pends et pi-
gnons auront trois pieds d'espoisseur par le fondement
jusques au rez des terres et le surplus deux pieds jusques
à leur haulteur, le tout faict de cailloux à chaux et sable,
fors le dessoubs des poultres, qui seront tous de grandes
briques et du nouveau mousle du sieur Cosnyer, les paremens desd. murs qui seront du costé de dehors em-
belliz de grands pillastres de brique, comme aussi les
portes, fenestres et entablemens garnis de briques suy-
vant le plan qui en sera baillé, et les coings et portaux
desd. Église, Temple, Collège et corps de logis seront de
pierre de taille, et les huisserycs, croisées, lucarnes desd.
logis, vitres desd. Église, Temple et Collège seront de
briques garniz de crochettes de pierre de taille pour porter les fermetures, à raison de six livres chascune toise
carrée sans retour. Et où mond. Seigneur vouldroit que
les murs desd. Esglize, Temple et Collège eussent plus
d'espesseur que ceulx cy-dessus, sera payé à la même
raison. — *Plus*, faire les voultes des caves et cavaulx
desd. logis à six livres chascune toise carrée ; et pour les
terres et vuidanges qu'il conviendra oster desd. caves
seront payées à raison de trente sols chascune toise cube
tirée et ostée. — *Plus*, faire les murs de refan, chemynées,
carrelage, murs ne closture à paremens de brique comme
dessus pour le mesme prix de six livres chascune toise
carrée. Et pour le regard des cloisons se toizeront deux
toizes pour une, en fournissant par les entrepreneurs
susd. tant de bois que de toute aultre matière; et oultre,
feront toutes les aultres murailles de closture (tant) pour
basse court et boutique que d'escurye et aultres logis,

revenant à deux pieds par en bas et dix-huict poulces par en hault, les fenestres et portes garnies d'un bord de brique seulement, comme aussi les entablemens des murailles, à raison le tout de quatre livres dix sols la toise.— *Plus*, faire toutes les charpenteries desd. Églize, logis, granges, escuryes, halle, ponts-levis, au prix de cent cinquante livres le cent employé, à toiser suivant la coustume de Paris. — *Plus*, faire toutes les couvertures d'ardoise rousse-noire qu'il conviendra sur les bastimens cy-dessus, à sept livres la toise carrée. — *Plus*, faire toutes les couvertures de tuille qu'il conviendra èsd. logis, collège, halle, escuryes et granges, pour le prix de quatre livres la toise carrée. Faire toutes les ferrures des cheminées, corbeaux qu'il conviendra èsd. logis pour lier et porter lesd. cheminées et sablières, pour le prix de deux sols six deniers la livre. — *Plus*, faire tous les pavez qu'il conviendra dans lad. ville et advenues d'icelle et cours desd. logis, de pavé *caillot* de cinq à six poulces de haulteur, à raison de quarente sols la toise carrée. Et où mond. Seigneur ou aultre qu'il lui playra vouldroient faire bastir plus grande quantité de logis que ceulx cy-dessus, lesd. entrepreneurs seront tenuz faire lesd. bastimens à la raison desd. logis cy-dessus, et neantmoings ne sera permys à aucune personne de bastir ou faire bastir en lad. ville et faulxbourgs qu'au préallable lesd. logis cy-dessus ne soient parachevés. Pour faire lesquels ouvrages cy-dessus, lesd. entrepreneurs fourniront de tous matériaux et (devront) rendre la place nette.— *Plus*, feront les fours, halles et logis des briquetiers dans l'enclos de lad. ville, s'il plaist à mond. Seigneur ; pour lesquels leur a esté donné et payé par le sieur d'Escures la somme de trois mil livres en espèces de pièces de seize sols, dont ils se tiennent contens. Et oultre a esté payé par advance par led. d'Escures, ausd. Besnard, Villette, Boisnier et Allaire, pour ayder à achepter les matériaux, la somme de dix mille livres tournois, dont pareillement ils se tiennent contens, et rendront lad. besongne bien faicte et parfaicte dedans le jour et feste de Toussainct mil six cens unze. Et leur sera payé le prix desd. ouvrages en travaillant fin de besongne fin de payement, et après bonne visitation et toizage d'icelle, le tout soubs le bon plaisir et volonté dudict Seigneur, et à ce tenir et effectuer, *etc.* Obligeans eulx, leurs biens meubles et immeubles présens et advenir, mesmes par emprisonnement et détention de leurs personnes, sçavoir est lesd. Cosnyer et Robelin solidairement pour la moictié, et lesd. Besnard, Villette, Boisnyer et Allaire aussi solidairement comme dessus pour l'aultre moictyé; renonçans aux bénéfices de division, ordre de droict de discussion et fidéjussion. Promettans, *etc.*

« Faict au bourg de ladicte Souveraineté de Boisbelle, au logis d'honorable homme M⁰ François Boju, recepveur des tailles et aides du païs de Berry; présens nobles hommes Françoys Lemareschal, conseiller du roy et trésorier général des finances; sieur de Corbet, demeurant en la ville de Bourges, et M⁰ Pierre Éverard, secrétaire de la chambre du Roy, demeurant au chastel de Baugy, tesmoings. »

Suivent les signatures de : MAXIMILIEN DE BÉTHUNE, LEMARESCHAL, COSNIER, J. ROBELIN, ALLAIRE, VILLETTE, R. BESNARD, BOESNIER, P. ÉVERARD et CRISTOFLE, notaire.

« La première pierre, dit M. de Raynal, complétant les renseignements précédemment fournis par lui (1),

----

(1) *Histoire du Berry*, liv. X, chap. IV.

fut posée le 13 avril 1609, au logis de M. Descures, intendant des turcies et levées des rivières de Loire, Cher et Allier, et qui semble avoir été chargé par Sully de la direction de ces importants travaux (1). Ce logis était sur la grande place, à laquelle on donna le nom de place de Béthune. Les quatre portes de la ville reçurent les noms de la reine et des jeunes princes, porte Marie, porte Dauphine, portes d'Orléans et d'Anjou. On dit qu'au-dessus de la principale entrée on avait le projet

(1) Parmi les autres personnages dont le nom figure en cette circonstance, il faut remarquer Pierre Éverard ou Évrard, qui y est qualifié secrétaire de la chambre du roi ; c'était sans doute l'ingénieur de ce nom, Picard de naissance, que Sully s'était attaché, et à l'aide duquel il essaya de former une école d'ingénieurs français, qui pût lutter contre les ingénieurs de Hollande et d'Italie. Il lui avait confié l'œuvre qui devait être depuis accomplie par Vauban, celle de la défense de nos frontières par un ensemble de fortifications militaires. Les registres paroissiaux de Boisbelle, à la date de 1612, le qualifient « secrétaire de la chambre du roy et faisant les affaires de Mgr le duc de Seully, souverain d'Enrichemont et de Boisbelle. » D'autres titres remplacent cette dernière qualité par celle de « capitaine de Baugy, la Chapelle et Boisbelle. » Plus tard, il est dit « commissaire de l'artillerie de France. » Nous l'avons vu, à propos de la question du franc-salé, au chapitre précédent, intervenant comme *factotum* du duc auprès du grenier de Sancerre, et l'acte de fondation d'Henrichemont nous le montre résidant au château de Baugy, dans une des principales terres de Sully, mais celle peut-être qu'il visitait le moins, et où il lui fallait comme surveillant un autre lui-même. Pierre Éverard était-il protestant ? Je l'ignore, mais son fils (si cette qualification lui convient toutefois), Jacques Évrard, ne l'était pas, puisque nous le retrouvons représentant en 1630 Sully au baptême de la première cloche de l'église d'Henrichemont. Je ne terminerai pas cette note, déjà longue, sans signaler le nom de « M. Albre, l'ung des entrepreneurs d'Enrichemont, » que je relève sur le registre des actes de baptêmes de la paroisse de Boisbelle pour 1601-1611.

de graver sur une table de marbre la pompeuse inscription suivante :

L'AN 1609 DE LA MORT D'UN SEUL POUR LE SALUT DE TOUS, LE XXe DU RÈGNE PLUS FLEURISSANT DE HENRY IVe DU NOM, MONARQUE DES FRANÇOYS, ROY DES BATAILLES, TOUJOURS AUGUSTE ET VICTORIEUX, PÈRE ET RESTAURATEUR DE L'ESTAT EN FRANCE ET DE LA PAIX AU MONDE, AU TROISIÈME MOIS DE L'AN DONT LE NOM EST SACRÉ A SA MÉMOIRE, MAXIMILIEN DE BÉTHUNE, DUC DE SULLY, MARQUIS DE ROSNY, SIRE D'ORVAL, PRINCE SOUVERAIN DE BOISBEL, PAIR ET GRAND MAISTRE DES ARMÉES ET THRÉSOR DE FRANCE, APRÈS TRENTE ANNÉES DE SERVICES RENDUS A SON ROY ET A SA PATRIE EN TOUTES LES PLUS IMPORTANTES OCCURRENCES DE PAIX ET DE GUERRE, COMBLÉ D'HONNEUR ET DE GLOIRE POUR AVOIR SECONDÉ LES PLUS HAUTES INTENTIONS DE SON GÉNÉREUX MAISTRE, FAIT PROSPÉRER SES AFFAIRES, BANNY LA NÉCESSITÉ, RESTABLY L'ORDRE, LA PAIX ET L'ABONDANCE, POUR MÉMOIRE A LA POSTÉRITÉ DE CHOSES SI AUGUSTES, A BASTY LES SOLIDES FONDEMENS DE CESTE VILLE DE HENRIMONT, DONT LA FÉLICITÉ DOIT ESTRE ÉTERNELLE, PUISQU'EN SON FRONT RELUIT ET EN SES PORTIQUES EST FONDÉE LA GLOIRE DU MONARQUE, L'HONNEUR DES RÈGNES, L'ESPOIR DES FRANÇOYS ET L'ESLITE DES HOMMES.

Henrichemont nous montre sinon le seul, au moins un des rares exemples en Occident d'une ville construite d'après un système d'ensemble permettant l'emploi d'un alignement strictement régulier et l'uniformité générale des constructions. Pour rencontrer l'analogue, en dehors des villes modernes de l'Amérique du Nord, il fau-

drait sans doute remonter jusqu'à ces types célèbres
qu'offraient quelques villes légendaires de l'antiquité
orientale, telles que la Babylone de Sémiramis et, suivant toute apparence, la Thèbes aux cent portes de
l'Égypte.

Une ville se compose matériellement de deux éléments distincts et complémentaires l'un de l'autre : les
bâtiments, isolés ou groupés, et les intervalles libres
qui les séparent, ou rues. Lorsque se construisirent les
premières cités, comme ce fut peu à peu et sous le ré-
gime d'une nécessité qui imposait l'économie de l'espace
et, par suite, l'entassement comme loi de sécurité, il y
eut des maisons s'accumulant contre des maisons, mais
pas de rues proprement dites. Toute ville ou bourgade
fut en même temps forteresse et repaire, c'est-à-dire,
plus ou moins, un cloaque. Plus tard, la marche de la
civilisation aidant, il ne s'agit plus seulement de s'abri-
ter et de se garantir contre l'ennemi ou l'étranger, à la
sûreté de la vie on s'occupa de joindre le confort ; on
voulut de l'air pour la poitrine, des lignes pour la vue,
alors on ouvrit des rues à travers l'amas des habitations.

Les grands despotismes asiatiques en avaient offert
des exemples, en quoi ils furent imités par le césarisme
romain. La Renaissance, qui se faisait honneur de re-
mettre en lumière les lois et les habitudes de la société
antique, ensevelie sous la lave boueuse du moyen âge,
fit de cette condition un des principes de son architecture urbaine, et on la vit s'imposer d'autant plus par la
suite que le pouvoir royal devenait plus centralisateur
et plus fort. Lorsque Henri IV, vainqueur de l'anarchie

des ligueurs, se fut assis solidement sur le trône qu'il venait de conquérir, la forme des villes correctement alignées et percées triompha définitivement, et Henrichemont en fut l'expression la plus saisissante.

Il y a d'ailleurs une coïncidence fort significative entre le plan de la ville que fondait Sully et celui de la *place de France*, que le roi et lui avaient, en 1608, comploté de bâtir à Paris. Cette place devait compter soixante-douze toises en carré, être entourée de palais uniformes, et l'on devait y accéder par huit rues de six toises de large chacune, et portant les noms d'autant de provinces. C'est de l'exécution de ce plan que sortit, sous le règne suivant, la place dite *place Royale* (1).

(1) Voir la note de la page 86, tome V, des *Mémoires de Sully*, édition in-12 de 1767, par l'abbé de Lécluse, et Poirson, *Histoire d'Henri IV*, tome III. — L'idéal auquel Sully se chargeait de donner une réalité était dans l'air, pourrait-on dire, à cette époque, mais il n'est peut-être pas inutile de rapprocher plus spécialement de son projet celui d'un homme de génie, son contemporain et son coreligionnaire et qui n'a pas, j'imagine, été sans influence sur l'exécution que reçut sa conception. Il s'agit d'un plan de constructions développé dans la troisième partie de l'ouvrage que Bernard Palissy publia en 1563, sous le titre : *Recepte véritable par laquelle tous les hommes de la France pourront apprendre à multiplier et augmenter leurs thrésors*. Le projet en question y occupe tout le troisième livre, sous le titre : *Jardin délectable*. Dans la pensée de l'auteur, il se serait proposé d'ériger cette plaisante retraite afin d'en user « comme d'une cité de refuge, pour me retirer, dit-il, ès jours périlleux et mauvais, et ce afin de fuir les iniquitez et malices des hommes, pour servir Dieu en pure liberté. » — Comparer également un autre projet détaillé dans le livre suivant du même ouvrage, et où, sous le titre *Ville de forteresse*, l'ingénieux et inventif Palissy expose un plan de ville forte quadrangulaire, dont le type strictement mathématique fait involontairement penser en plus d'un point à notre Henrichemont.

La forme adoptée pour Henrichemont est donc signalétique de l'époque où elle se manifesta ; mais ce qu'il
faut noter dans le plan de sa construction, c'est l'extrême
sobriété de détails en matière de luxe ; on reconnaît là
un peu la sécheresse calviniste, qui ne sacrifie guère à la
fioriture. Aussi, pour appuyer ce que nous disons ici,
il n'est peut-être pas sans intérêt de mettre en présence
de ce grand projet de bâtisse l'éloge que font de son auteur les secrétaires auxquels il donne la parole dans ses
Royales Œconomies d'Estat. C'est à l'endroit où ses
deux panégyristes domestiques entreprennent de chan-
ter ses vertus et qualités en détail et, pour ainsi dire,
par articles. En un de ces passages ils lui affirment
« que vous ne vous estes jamais laissé transporter aux
mondanitez et vanitez des grandes et magnifiques
structures à la mode, bastimens, parcs, vergers et jardi-
nages, remplis de toutes choses rares et curieuses, à
eslever pyramides, colomnes, galeries, portiques, lucarnes, cheminées, enfaistemens, plomberies, frisures,
moulures, graveures, sculptures, statues, testes anti-
ques, médales, tableaux et autres ouvrages de grands
prix, tout cela doré, diapré, peint et enrichy à la mode,
et desquels la valeur ne consiste qu'en l'opinion des
moins sages (1). »

A prendre la chose à la lettre, voilà certes qui ne
révèle pas un artiste. Sans doute ici Sully se calomnie
un peu à dessein, et c'est bien évidemment une boutade
dirigée par lui contre l'introduction des goûts de l'Italie,
chers aux Valois, et que la présence sur le trône de

____

(1) *Mémoires ou Œconomies royales d'Estat*, II⁰ partie, ch. III.

Marie de Médicis ne pouvait qu'encourager. Elle nous édifie néanmoins sur un côté de son caractère. Ainsi cet homme, qui a tant construit et tant encouragé l'art en ce sens, qu'on ne lui parle pas des trop grandes délicatesses de cet art, de toutes les voluptés luxueuses qui caressent l'œil, l'oreille et la pensée, de ces fleurs poétiques de l'esprit dont Florence et Venise avaient enseigné le culte à la France ; son puritanisme n'y voulait voir que sentimentalités amollissantes, frivolités indignes et superfluités coûteuses. L'architecture toute nue lui suffira ; il a rêvé la grandeur sans ornement.

Ce qui résulte de là une fois de plus, c'est que la construction d'Henrichemont, si la vanité et le goût pour la bâtisse y eurent leur part, ne furent pas cependant une pure fantaisie d'artiste, ce qui nous confirme dans le sentiment déjà émis sur la pensée utilitaire qui a dû présider à la conception de ce projet.

Le principe qui guida Sully dans le choix de la forme à donner à sa capitale détermina également la nature des matériaux qu'il y emploirait. En homme pratique, il prit sur les lieux les éléments mêmes de ses constructions. La pierre de taille y est en très-faible quantité, mais surtout la brique et le caillou lui servirent à composer les murs. La pierre est rare dans la contrée de Boisbelle : le sol s'y compose d'une argile fortement mêlée de silex roulés ; en quelques endroits cependant on rencontre des carrières d'un grès ferrugineux, auquel sa couleur rougeâtre a fait donner le nom de *pierre bure*. Le lieu du Pré notamment (cet ancien centre de la seigneurie) offre une carrière de cette nature, dont les échantillons sont d'une assez belle grosseur ; c'est de là que furent extraits les blocs qu'on utilisa pour donner plus de solidité aux angles des maisons et former les montants des huisseries. L'intervalle en fut rempli soit en cailloux, dont le sol abonde et dont on use généralement encore aujourd'hui, soit en briques, qui servirent à constituer les pilastres et les quelques motifs d'ornementation que le système de construction, autant que la rareté de la pierre, ne permettait pas de faire en une autre matière.

L'emploi de la brique était là à sa place ; associé à celui du sable rouge du pays, il donna à la nouvelle cité l'aspect de ces *villes rouges* dont la Sologne est parsemée, et qui provient de l'emploi presque exclusif de ce genre de matériaux.

On prit du reste un peu partout pour accélérer la construction des édifices, sans doute bien lente au gré du fondateur. Un acte privé de l'année 1609 nous montre une pauvre femme de la ville d'Ivoy-le-Pré, ne pouvant entretenir sa maison, qui tombait de vétusté, en vendre les matériaux « à ceulx qui ont entreprins de bastir la ville de Boisbelle (1). »

Ce ne fut pas la seule chose qu'Henrichemont emprunta à Ivoy, qui ne s'en est pas relevé.

Quant au bois, il ne manquait pas, on était en pleine forêt. Il existe au nord de la ville, et à un kilomètre en-

____

(1) Arch. du Cher. (Fonds de Saint-Sulpice. Prieuré d'Ivoy. L. 7 C. 20.)

viron de distance, une vaste étendue de terrain, encore
aujourd'hui nommée la taille des *Poileaux*, bien qu'elle
soit maintenant toute en culture. En 1609, c'était une
belle futaie, abondant en chênes magnifiques. La construction d'Henrichemont fut le signal de sa ruine ; les
arbres séculaires tombèrent sous la hache pour se con-
vertir en poutres et former ces charpentes colossales
qu'on admire encore dans les greniers de la ville.

La taille abattue, il ne resta plus qu'une vaste brande
dont le sol rude et maigre appelait la main de l'homme
pour le mettre en valeur. Mais la population n'était pas
encore assez dense pour essayer de défricher tous les
terrains qui le demandaient. En attendant cette transformation, qui ne devait se produire que de nos jours, le
duc les céda moyennant une faible redevance ou les ar-
renta aux habitants pour y mener pacager leurs bestiaux.

Henrichemont présente l'aspect d'un quadilatère régulier, dont les côtés, inclinés de 45 degrés sur le méri-
dien, mesurent chacun un développement d'environ
cinq cents mètres. Le centre en est occupé par une
grande place carrée, très-exactement croisée par deux
larges voies qui se coupent à angle droit et débouchent
sur les fossés extérieurs, en traversant quatre places
externes qui forment autant de *quartiers*. Les quatre
angles de la grande place sont également ouverts par
quatre autres rues de moyenne largeur, parfaitement
orientées, et qui aboutissent aux angles de l'enceinte,
après avoir traversé chacune une petite place carrée et
en formant avec les quatre grandes rues une étoile à
huit rais.

Telle est la disposition générale de ce plan, tracée avec une régularité toute mathématique. Cette régularité se maintint d'abord, parce qu'il fallait la permission de l'autorité souveraine pour modifier en quoi que ce fût les anciens corps de logis et pavillons construits sur un plan uniforme. Mais, avec le temps, l'observation de cette règle finit par fléchir et les modifications de tout genre furent prises sans permission ou accordées sans difficulté par les autorités complaisantes. Les désordres qui durent être, même ici, le contre-coup fatal des grands événements politiques, comme la Fronde, n'y contribuèrent sans doute pas peu. L'incurie et l'esprit de relâchement se mirent dans la police de la souveraineté, et l'égoïsme particulier eut beau jeu pour détruire peu à peu l'ordonnance imposée à l'origine par l'esprit du fondateur. Je vois, par exemple, en 1707, un cabaretier, propriétaire d'un des pavillons de la grande place, passer marché avec deux charpentiers pour faire abaisser de plusieurs pieds la charpente de son toit, avec autorisation toutefois (1).

On était d'ailleurs à l'époque où le système de mutilations prévalait. Huit ans auparavant, en 1699, le bailli d'Henrichemont lui-même, qui était alors le sieur Thomas de Boischantel, avait fait abattre, ou du moins abaisser et dénaturer toute une moitié du pavillon situé à l'extrémité de la rue Marie et servant de grenier à sel (2). D'autre part, des ordonnances de police de 1770 nous apprennent qu'alors, et grâce au peu de soin qu'on

____

(1) Minutes du notaire Teillay, dans l'étude Aubry, à Henrichemont.

(2) Minutes du notaire Beaufrère. (*Ibid.*)

avait pris de conserver le plan primitif, les rues offraient
en certains endroits le sixième seulement de la largeur
qu'elles auraient dû avoir (six pieds au lieu de trente).
Il est vrai que c'était plutôt dans les basses rues, et que
ces derniers alignements étaient en grande partie ceux
des haies de jardins qui, à cette époque, les bordaient
pour la plupart. Ajoutons que les administrateurs actuels
se montrent plus soucieux que leurs prédécesseurs de
respecter le plan primitif.

Les travaux ayant été en grande partie suspendus à la
mort d'Henri IV, les remparts furent seulement dessi-
nés et ne sont représentés que par un fossé avec con-
trescarpe. Cette enceinte même n'a peut-être pas été terminée, ou du moins elle a été en partie détruite et les
fossés comblés ; celui du midi manque complétement,
avec la plus grande partie des deux côtés adjacents. Aux
trois autres angles étaient des espèces de bastions, aujourd'hui disparus.

Les fossés ont gardé de l'eau jusqu'à présent dans
certaines portions, notamment aux deux points nommés
l'*Abreuvoir* et le *Trou aux Canards*.

Dès le siècle dernier, sinon plus tôt, les fossés, dont
une partie avaient été déjà plantés d'arbres, furent ar-
rentés à divers particuliers. Ce fut surtout le long de la
route des Aix que cette aliénation se fit. Ainsi le curé
d'Henrichemont se vit concéder la partie qui s'appuyait
sur cette même voie et put la joindre aux jardins du
presbytère. Près de là, dès 1722, un cordier obtenait
« une place et fossé ou étoit cy-devant une tour d'une

porte de ville, » et, une trentaine d'années plus tard,
le sieur Jullien obtenait de combler le fossé derrière sa
maison, au quartier des Boutiques, « comme ont fait
précédemment ses voisins, » dit le titre (1).

Aujourd'hui, ce qui subsiste de ces douves, au nord
et à l'est de la ville, sert de corderies comme par le
passé.

Dans l'intérieur de la ville, comme nous l'avons dit,
deux systèmes de rues, de largeurs différentes, se croi-
sent à angle droit, en rayonnant autour de la grande
place carrée centrale, de manière à relier les angles et le
milieu de chacun des côtés de cette place aux angles de
l'enceinte et au milieu de chaque rempart, où devait
s'ouvrir une porte de ville. Les quatre grandes rues,
qui courent, deux du nord-ouest au sud-est et deux du
nord-ouest au sud-ouest, rappellent par leurs dénominations les personnes composant la famille royale sous
Henri IV. Celle du sud-est a nom *rue Dauphine*, en
mémoire du dauphin, plus tard Louis XIII, qui, à l'époque de la fondation d'Henrichemont, était âgé de huit
ans (2). La rue Dauphine aboutit à la route des Aix-
d'Angillon.

(1) Renseignements puisés dans les minutes et titres judiciaires
d'Henrichemont.

(2) Louis XIII naquit à Fontainebleau le 26 septembre 1601. C'é-
tait la consolidation de la dynastie des Bourbons, aussi la person-
nalité du dauphin a-t-elle joué un grand rôle dans les dénominations de la ville d'Henrichemont. Outre la rue Dauphine, la place à
laquelle cette voie aboutit fut dite *quartier Dauphin*, et encore au
siècle dernier, il y avait un hôtel à l'enseigne du Dauphin. Peut-
être était-ce l'hôtellerie de fondation dont il est question dans le
marché de construction de la ville.

La rue du nord-ouest prit le nom de *rue Marie,* pour faire honneur à la reine Marie de Médicis ; elle se termine aujourd'hui par la route d'Ivoy-le-Pré.

Celle du nord-est s'appelle *rue de Bourgogne ;* c'est où commence la route de Sancerre. Nous avons vu dans M. de Raynal que le nom primitif de cette rue était *rue d'Orléans,* titre du frère puîné du dauphin (1). Le dénombrement de la population d'Henrichemont, en date de 1707, que nous avons eu occasion de mentionner dans l'introduction , inscrit parmi les noms des rues de la ville celui de « la rue d'Orléans dicte *Luxembourg.* » Quant au nom actuel, il a dû être donné sous Louis XIV, dont le dauphin portait le titre de duc de Bourgogne.

Enfin, le nom de *rue d'Anjou* (on dit plus communément aujourd'hui rue *d'En-bas*) fut affecté à la voie qui aboutit à Achères. Cette désignation fut empruntée au titre qui distinguait le troisième fils d'Henri IV et de Marie de Médicis (2).

Les rues intermédiaires ou rues d'angles, plus étroites que les précédentes, sont désignées par le nom de leur orientation , chacune d'elles regardant un des quatre points cardinaux ; il y a exception toutefois pour l'est,

(1) *Monsieur*, duc d'Orléans, né à Fontainebleau, le 16 avril 1607, mort à Saint-Germain-en-Laye le 17 novembre 1611, sans avoir reçu de prénom. A sa mort, son titre passa au troisième fils d'Henri IV.

(2) Gaston-Jean-Baptiste, duc d'Anjou, né le 25 avril 1608 à Fontainebleau. En 1611, à la mort de son frère, il hérita de ce titre et de celui de *Monsieur*. On ne sait que trop quel rôle a joué dans notre histoire ce triste personnage, digne fils de sa mère, et qui mourut à Blois en 1660,

où la rue n'est encore que projetée, et doit prendre, quand elle sera exécutée, le nom de rue de Rosny.

A distance égale des remparts et de la place centrale, sont les quatre petites rues traversières, parallèles auxdits remparts ainsi qu'aux côtés de la grande place. Elles forment un quadrilatère dont les extrémités rencontrent les rues d'angle qu'elles relient. Elles ont reçu également des noms particuliers, dont l'ancienneté n'est pas toujours garantie. Une seule d'entre elles porte un nom signalétique, c'est celle qui va de la place de l'hospice à la rue Marie ; on la nomme la *rue des Quatre-Nations*. Cette dénomination, empruntée à l'ancienne langue universitaire, et qui rappelle le collége des Quatre-Nations à Paris, indique qu'à cet endroit devaient s'élever les bâtiments du collége dont il est fait mention dans le traité de fondation de la ville.

On peut signaler encore dans cette catégorie la *rue des Soupirs*, qui unit le quartier des Boutiques au quartier Dauphin ; c'est le sentiment se glissant dans l'histoire. Mais il est fort probable que telle de ces rues a changé de nom dans le cours des temps : quelle est celle, par exemple (et pour n'en citer qu'une), que les titres du siècle dernier nomment la rue du *Lion-d'Or?* Un nom d'auberge évidemment (1).

A leur aboutissement aux rues d'angle, ces dernières voies rencontrent les petites places carrées dont nous avons parlé précédemment et qui sont : au nord, la

---

(1) Une auberge de ce nom existe actuellement, rue Bourgogne, mais peut-être sa situation actuelle est-elle relativement récente.

place *Bernard ;* au levant, la place du *Marronnier* ou du Marché aux porcs, désignation qui s'explique d'elle-même ; au couchant, la place de *l'Hospice,* ainsi nommée depuis la fondation assez récente en cet endroit d'un hospice, mais qui auparavant s'appelait, je crois, comme la rue adjacente, place des *Quatre-Nations.* Quant à la place du midi, au lieu dit le quartier *des Boutiques,* ou, comme s'exprime un acte de 1692, « le quartier des petites boutiques, » elle est encore à l'état de projet et doit prendre le nom de place *Gabrielle.*

Celle des deux grandes voies qui traverse Henriche-mont du nord-ouest au sud-est (rues Dauphine et Marie) aboutit, à la sortie de la première de ces rues, à un ter-rain libre, de forme triangulaire, et dit place *Dauphine,* ou plutôt *quartier Dauphin,* nom qu'elle portait déjà au XVIIᵉ siècle. A l'extrémité opposée, c'est-à-dire au bout de la rue Marie, une autre place, dite place *Marie,* doit faire symétrie avec la précédente.

Entre la place Bernard et la rue Marie règne un grand mail carré, planté d'arbres et connu sous le nom de *Jeu de Paume* (1).

Au sud-est de la place Bernard s'ouvre la place de la Mairie, agrandie aux dépens de la halle, qui fut abattue pour permettre de construire l'hôtel-de-ville

______

(1) En 1762, le bailli d'Henrichemont, qui était alors le sieur Saillant, fit renfermer de haies ce terrain et le fit planter d'arbres ; jusqu'alors il avait servi au pacage des bêtes à laine durant les foires, et sans doute aussi un peu le reste de l'année. (Journal de Teillay.)

actuel. Cet édifice, qui abrite à la fois les services de la justice de paix et de l'édilité, et qui contient en outre une prison, fut élevé immédiatement après la démolition de la halle. Avant la Révolution, le logis que remplace l'hôtel-de-ville actuel, servait déjà de maison de ville, de palais de justice et de prison. La halle s'appuyait sur une des faces de cet édifice. Dans l'en-tête d'un interrogatoire fait le 26 juillet 1735, par Joseph de Corsambleu, sieur du Gué-du-Roi, président de la chambre souveraine d'Henrichemont, il est dit que la chambre haute tient à ce moment ses assises à l'un des étages de la *Croix-Blanche*, « à défaut d'auditoire et chambre du conseil, l'une et l'autre étant démolies depuis quelques jours pour en construire de nouvelles (1). »

Le long du flanc méridional et à l'extrémité de la rue Bourgogne règne la place ou parvis de l'église, pris en grande partie sur l'emplacement de l'église primitive, qui a été démolie en 1862. La nouvelle église engloba en outre l'ancien cimetière qui, en 1834, avait été transporté hors de ville, sur le côté opposé de la route de Sancerre et près du vieux fossé (2).

(1) Archives départementales du Cher. (Fonds judiciaire. *Henrichemont*. B. 4518.) L'auberge de la *Croix-Blanche* était située sur le marché aux bœufs et le long de la rue allant de l'église à Boisbelle.

(2) L'agrandissement de la ville engagea en 1826 l'administration à changer l'emplacement du cimetière, devenu d'ailleurs insuffisant. Il y avait, à quelque distance, un terrain d'un peu plus d'un hectare d'étendue, appelé le *Champ du Rasoir* ; il fut acheté pour remplir cette destination. Toutefois, par suite de difficultés administratives, le transfert du cimetière ne s'effectua qu'en 1834.

L'hospice, devant lequel règne la place à laquelle il donne son nom, est un des pavillons de la ville, approprié à l'usage actuel en l'année 1838. La commune acheta d'un habitant de Bourges ce pavillon, qui fut abattu, et sur l'emplacement duquel s'éleva l'édifice qu'on voit maintenant.

Au couchant de cette place, vis-à-vis l'hospice et dans l'intervalle qui existait entre cet édifice et le fossé du rempart, s'étendait jusqu'en ces dernières années un grand espace livré à la culture, et sur les terrains duquel vient de se fonder un vaste établissement religieux placé sous le vocable de *Sainte-Marthe*, avec la prétention de renfermer dans son enclos, outre une chapelle, une école, un ouvroir, une salle d'asile et quelques autres établissements supplémentaires.

Les trois autres angles intérieurs de la ville offrent encore l'aspect que présentait naguère celui dont il vient d'être question avant la construction de cet établissement ; ils sont occupés par des jardins ou des cultures.

Du même côté que Sainte-Marthe et plus à l'ouest, en dehors de la ville, à l'angle externe formé par les remparts et la route d'Ivoy, se présente un vaste cours planté qui sert de champ de foire et de place pour les revues et les fêtes publiques. Sa création date de 1868.

Si, revenant de cette promenade circulaire dans les différents quartiers de la ville, nous nous rabattons sur le centre, nous y retrouvons la grande place dite originairement de *Béthune* et maintenant d'*Henri IV*, et autour de laquelle pivote tout ce système de carrefours

et de rues. A l'angle nord, on y remarque un ancien
puits, naguère encore orné de quatre colonnes rondes
qui supportaient une toiture surmontée d'un lanter-
non (1). Ce puits date de l'origine de la ville, mais les
colonnes et la toiture ne furent ajoutées qu'en 1825.
La situation anormale de ce puits, isolé dans un coin
de la place, jure avec la régularité du reste de l'ensemble. Sans doute ce fut le seul point exécuté d'un projet
général, dans lequel trois autres objets analogues, au
moins quant à la forme, devaient, on peut le croire,
occuper symétriquement les trois autres encoignures de
la place, en concourant à son embellissement.

Peut-être un de ces objets fut-il le pilori, anciennement installé en ce lieu, et qui tomba de vétusté en l'an
1750, ainsi que nous l'apprenons du procès-verbal de la
descente faite en cet endroit en 1776, lors d'une visite
plus générale exécutée pour décider les réparations qui
pourraient être à faire aux propriétés domaniales du
comte d'Artois, alors investi de la principauté d'Henrichemont (2). Il paraît que, depuis 1750, le pilori n'a-
vait pas été relevé, ce qui tend à prouver son peu d'uti-
lité (3). Quant au milieu du forum, il a été jusqu'à nos

(1) Les colonnes et la toiture ont été abattus par l'ouragan qui,
au mois de juillet 1872, a ravagé une partie du département. On
n'a pas cru devoir les relever.

(2) Archives départementales du Cher. (Fonds judiciaire d'Henrichemont. L. B. 4537.)

(3) Quant au gibet, où s'exécutaient les sentences capitales, il
était placé, suivant l'usage, hors de ville, à un quart de lieue environ, à l'angle de rencontre du chemin venant du village du Pré
avec la route actuelle d'Achères. A cet endroit, c'est-à-dire à la
base du coteau qui supporte Henrichemont, le plan cadastral de la
commune, exécuté en 1829, montre sous le n° 609 un terrain qui y

jours occupé successivement par des objets de nature et
de destinations fort diverses. D'abord ce fut la croix
dont Teillay, dans son journal, mentionne l'érection de
la manière suivante : « Les 7 et 8 juin 1779 fut fait au
milieu de la grande place de cette ville un petit calvaire,
sur lequel fut placé une croix de terre cuite, qu'avoient
fait les potiers de la Borne. Elle fut bénie par M. le curé
le soir du mardi 8 dudit mois. On y fut en procession,
les bannières, croix, drapeau et quelques habitants sous
les armes, tambour et fifre. L'on y chanta le *Te Deum*.
Ce petit calvaire fut fait d'un grand qui étoit un peu
plus haut dans ladite place, sur lequel étoit autrefois
posé une grande croix de bois, et aux quatre coins duquel grand calvaire il y avoit anciennement quatre très-
gros et très-grands ormes. Un grand vent abattit ladite
croix, qui fut rompue et brisée le 13 février 1781 au
matin. »

Cet accident évita à la Révolution la peine de l'abattre.
Aux jours de la tourmente, le bûcher qui consuma en
auto-da-fé les titres du passé de Boisbelle, puis l'autel
de la patrie, remplacèrent le calvaire. Un arbre de liberté
complétait la décoration. C'est ce qu'il faut induire de
ce fait qu'en floréal an III on arrêta plusieurs individus

est dénommé pré de la *Justice*, et dont partie a été utilisée depuis
pour une plantation de magnifiques épicéas. Des titres du com-
mencement du siècle dernier mentionnent, au même lieu, « une
place en friche, de la contenance de quinze boisselées ou environ,
mesure des Aix, ladite place appelée la *Justice*, joutant... par le bas
le grand chemin tendant du village du Pré au bourg des Aix, et
du côté du midy le chemin qui conduit d'Henrichemont au village
des Thébauts. » (Cf. minutes du notaire Cherrier, a. 1723, conser-
vées dans l'étude Aubry, à Henrichemont.)

accusés d'avoir nuitamment détruit ce végétal qui choquait ces messieurs.

Je ne sais si la Restauration y replanta la croix, les révolutionnaires de 1830 auraient eu alors la peine de la faire disparaître.

1848, qui fit émerger du sol français tant d'arbres de liberté, y planta le sien pour remplacer celui qu'avait abattu la réaction de 1795. C'était un magnifique peuplier, qui végétait dru ; mais, au bout de quelque temps, le vent ayant soufflé d'un autre côté, le peuplier tomba.

En 1854, l'administration municipale y fit élever une fontaine qui fait l'orgueil des habitants, et que le vent a respectée jusqu'ici.

C'est sur la place Henri IV que s'était portée principalement l'activité de la construction lors de l'édification de la ville ; aussi était-elle en grande partie construite à la mort du roi. Seize pavillons à pilastres de briques devaient s'élever aux angles des huit rues qui y débouchent, et le milieu de chacune des huit grandes façades comprises entre ces pavillons devait être évidé par une large porte cochère donnant accès aux cours intérieures. Un reste de ces dispositions primitives s'aperçoit encore. Aux extrémités desdites rues, seize autres pavillons semblables aux premiers devaient garnir également leurs angles extérieurs donnant sur les petites places. Ces pavillons étaient affectés aux grands services publics ; ce devaient être les palais de la cité. Un seul nous était parvenu dans l'intégrité de son enveloppe, c'était celui qui, situé au bout de la rue Bourgogne, devint plus tard l'église de Saint-Laurent. Il a été abattu, comme nous l'avons dit, pour faire place à l'église actuelle. Le seul spécimen en ce genre qui subsiste aujourd'hui est la partie extrême de la rue Marie, ancienne demeure du procureur fiscal, et dont une moitié a été récemment restaurée dans le style primitif. Celui qui lui faisait face, et qui servait pour le grenier à sel, a été démoli au siècle dernier, de même que celui où avait été installé l'hôtel de la monnaie, à l'angle de la rue d'Anjou et de la grande place, et qui n'offre plus guère de son aspect primitif.

De bonne heure, du reste, la démolition s'attaqua à ces grands bâtiments d'un usage incommode, coûteux par les réparations qu'ils nécessitaient, et dont une partie au surplus n'avait probablement jamais été terminée (1).

Quant aux autres maisons, Sully et ses successeurs avaient adopté le système de l'arrentement, d'ailleurs en usage, comme propre à favoriser la construction des terrains (2).

(1) Dans un traité passé à la date du 26 juillet 1711, entre la veuve Gangnon et Henri Lebrun, marchand, voisins l'un de l'autre, il est dit que la veuve en question est propriétaire d'un immeuble proche la place de la Halle et « situé sur la place de ladite ville, autrefois basty en pavillon, comme les autres corps de logis estant de la première construction, et par elle rendu de la même manière en pavillon de même hauteur. » (Minutes du notaire Cherrier, dans l'étude Aubry, à Henrichemont.) Les modifications de ce genre, motivées par des raisons d'économie, durent être fréquentes et contribuer à défigurer l'apparence première des constructions de la ville.

(2) « Maxilien de Bethune, duc de Sully, pair et mareschal de France, prince souverain d'Henrichemont et Boisbelle, sur ce que

Ne quittons pas le sujet qui nous occupe sans dire un mot du nom donné par Sully à la ville qu'il venait de mettre au jour.

HENRIMONT et HENRICHEMONT paraissent avoir été les deux formes de dénomination indifféremment adoptées par Sully, puisque, tandis que la dernière figure au marché de construction de 1608, l'autre se lit dans l'inscription préméditée par le fondateur pour la décoration de la ville, et que nous avons rapportée plus haut. Cette appellation, qui renouvelait en faveur du roi Henri l'adulation d'Éphestion pour Alexandre, était aussi motivée par l'assiette de la nouvelle cité sur le sommet du plateau qui domine l'ancien bourg de Bois-belle. Et comme la manie générale d'alors, grâce à l'éducation cléricale du temps, était d'affubler toute chose d'un nom latin, Henrimont dut tout naturellement se traduire pour les pédants de l'époque par *Henricimons*, ou, d'après la mode plus gothique, *Henrichimons*.

Nous rencontrons en effet, à la fin du XVII⁰ siècle, la qualité d'habitant du pays exprimée par l'épithète de *Henrichimontanus*.

nous avons faict sçavoir aux habittans de nostre dite souveraineté que ceux qui voudroient construire et bastir des maisons dans nostre ville, il leur seroit arrenté les places qui leur seroient nécessaires, sur quoy le sieur Jean Fouchier, lieutenant de nostre dite souveraineté, nous auroit prié de luy donner une place size dans la rue tendante de la grande place à la porte Marie... pour y bastir et construire une maison, à la charge de paier par chascung an deux deniers de cens portans proufflets de lots et ventes,... etc. Faict à Boisbelle, le dix-neufviesme septembre mil six cens trente-sept. » (Titres particuliers.)

La forme française d'*Henrichemont*, forme la plus rapprochée de cette forme latine, prédomina de bonne heure, au point d'être restée en usage. Seulement ce même usage, parmi les habitants de la localité, amena la chute de la syllabe initiale, en sorte que Henrichemont devint bientôt *Richemont* dans la langue courante, et il paraît que cette habitude date des temps voisins de la fondation, car je lis déjà cette forme sur les plus anciens registres paroissiaux de son église.

Cette particularité de la suppression de la première syllabe d'un mot, prise par erreur pour un préfixe additionnel, n'est pas d'ailleurs sans exemple dans ces mêmes contrées, et, sans aller plus loin, il me suffira de mentionner en ce genre le nom *des Binges*, substitué dans la langue usuelle parmi les habitants à celui du bourg chef-lieu de la commune d'Aubinges (1).

(1) Dans le *Voyage de France*, imitation par Duverdier et souvent traduction de l'*Itinéraire de Sincerus*, publiée dans la première moitié du XVIIe siècle, on lit le passage qui suit au sujet d'Henrichemont : « Boitbelle (*sic*) qui est à demy-journée de Bourges, c'estoit autrefois un meschant bourg, qui estoit au duc de Nevers, de qui le duc de Sully l'ayant acquis, il le fit ériger en principauté par le roy Henry IV, et pour la mémoire de ce *bienfait* appela le lieu *Henrichemont*. Il y fit dès lors bastir de fort belles maisons dans des rues bien disposées et allignées, et à l'entour d'une belle place. C'estoit le dessein d'une belle et agréable ville dans un mauvais fonds et peu revenant. Le lieu est appelé aujourd'huy vulgairement *Rougemont*. » (Cf. le *Voyage de France dressé pour la commodité des François et des estrangers*, par le sieur D. V. *Paris*, 1639, 1641 et 1687, in-12.) Ce nom de Rougemont est à noter, parce qu'il n'est qu'une transformation erronée ou systématique de la forme Richemont, dont il confirme ainsi, pour cette époque, l'emploi habituel.

Toutefois l'étymologie d'*Henrici-mons*, comme explicative d'*Henrichemont*, était trop naturelle pour satisfaire longtemps les beaux esprits. De longue date florissait en France cette vieille école d'étymologistes de fantaisie qui a fait loi presque jusqu'à nos jours, et grâce à laquelle nos pouillés, nos chartes, nos chroniques latines, ainsi que toutes nomenclatures topographiques ou documents historiques de ce genre ont été remplies de dénominations saugrenues. Pour les savants, le simple était trop simple, il fallait qu'ils se bistournassent l'esprit à créer aux noms de lieux des origines incroyables, si peu contestables que pussent être en réalité ces origines. En conséquence, il fut de bon goût parmi les lettrés de supposer que le nom français de la capitale de Boisbelle était la tradition de *Henrici munus*, c'est-à-dire bienfait ou présent du roi Henri. N'avons-nous pas vu ce système d'interprétation implicitement émis dans la note empruntée ci-dessus à l'ouvrage de Duverdier ? Le siècle dernier ne manqua pas de s'enticher de cette trouvaille : « Le fameux Sully, dit le mémoire de l'avocat Bellomeau (p. 13), entreprit d'élever la ville d'Henrichemont sous les auspices d'Henri IV, d'où elle tire son nom *Henrici munus*. » C'était donc désormais un fait acquis. L'invention ne tarda pas à faire fortune, et il n'y a guère plus d'un demi-siècle qu'une feuille locale imprimait gravement, à l'effet d'instruire les contemporains et la postérité sur la vérité du nom de notre ville, ces mots explicatifs : *Mons vel munus Henrici* (1).

(1) *Journal de Bourges* du 5 novembre 1849. La feuille en question ajoute : « Le terrein sur lequel reposent ses fondemens fut concédé par Henri IV à Sully, qui commença en 1598 à la faire bâtir d'après

Citons enfin, pour compléter cette énumération par la plus bizarre et la moins réussie de toutes les formes d'appellation qui lui furent données, celle de *Henri-quarmont (Henrici quarti mons)*, qui rappelle si bien le *Henri-quartrille*, que nous avons vu précédemment si mal à propos essayé pour Quillebeuf. Cette pédantesque tentative, qui ne réussit pas mieux que l'autre, fut due au jurisconsulte Jean Chenu (1), un de ces étymologistes du XVII° siècle, dont nous parlions tantôt, et auquel nous devions déjà très-probablement le mot prétentieusement barbare de *Boscobellum*, comme traduction du français Boisbelle.

un plan régulier. Les constructions furent continuées pendant douze années consécutives. » Voilà de singuliers renseignements !

(1) Dans ses *Questions notables de droit*, à propos de cette relation d'un procès de sorcière dont il a été fait mention dans l'introuction au paragraphe du Fief-Pot.

PIÈCES JUSTIFICATIVES

***

Ordonnance de police concernant la place du Jeu de
paume et les rues d'Henrichemont (1770).

Sur ce qui nous a été remontré par le procureur du Souverain Seigneur que le jeu de paume est une place qui, par
les soins qu'on a pris de l'embellir par des allées d'arbres
feroit un jour l'agrément de cette ville, qu'à ce titre il ne
pouvoit marquer trop d'attention pour la conserver ; que
cependant plusieurs particuliers de cette ville, peu touchés
de l'intérêt général, loin de contribuer à sa conservation, en
occasionnoient le dépérissement total en faisant servir cette
promenade de pâture journalière à leurs bestiaux lorsqu'elle
n'est destinée par sa nature qu'aux seuls plaisirs des habitants ; que les chevaux, ânes, chèvres, avec lesquels tout le
monde étoit confondu, la rendoit presque déserte, et que ces
animaux, les uns par leur frottement, les autres par leur
souffle contagieux, avoient déjà fait périr plus de quatre-vingts
arbres, et qu'une pareille quantité ne faisoit plus que végéter;
que l'impunité de ces abus jusqu'alors en avoit introduit un
plus criant par l'inattention des pères et mères à défendre à
leurs enfans de s'amuser à faire avec leurs couteaux des
incisions qui, en interceptant le cours de la sève de l'arbre,
en occasionnoient infailliblement la mort ; qu'ils ignoroient
sans doute qu'ils étoient personnellement responsables de
pareils délits et que les peines les plus sévères y sont atta-
chées ; qu'il luy avoit été porté, en outre, différentes plaintes
sur les entreprises de certains particuliers qui avoient tellement anticipé sur les rues intérieures de cette ville qu'à
peine avoient-elles aujourd'huy six pieds de large, au lieu de
trente qu'elles avoient dans leur état primitif ; que ce ne sont
que les seuls propriétaires des héritages attenans à ces mêmes rues qui ont fait ces usurpations que l'intérêt public
autant que la décoration de la ville leur font un devoir de

déférer au tribunal de la justice ; que la nécessité d'y remédier est d'autant plus urgente que les personnes raisonnables, à plus forte raison les enfans ne pourroient échapper
au danger d'une voiture ou d'un cheval épouvanté qui se
trouveroit dans le même chemin, tant il étoit étroit ; que les
malheurs déjà arrivés à cette occasion, il y a quelques années,
et qui ont manqué d'arriver une seconde fois il y a quelques
jours, deviennent un motif plus pressant pour prendre les
plus sûrs moyens d'en prévenir d'autres par la suite ; que,
pour parvenir à remédier à ces abus multipliés, il requéroit
qu'il soit fait défenses à tous particuliers : 1° de laisser entrer
aucune espèce de bestiaux dans le Jeu de paume, même de
les mener paître autour des hayes qui l'environnent, sous
peine de dix livres d'amende, enjoindre aux pères et mères de
défendre à leurs enfans de faire aucune incision avec couteaux sous peine de 50 livres d'amende et de prison contre
leurs enfans ; ordonner que tous particuliers riverains des
rues intérieures de cette ville, et qui ont entrepris sur icelles,
de rentrer chez eux de façon à laisser l'espace de dix-huit
pieds pour le passage libre des passans et voitures ; ordonner,
pour la conservation des hayes nouvellement élaguées dans
lesdites rues, qu'il sera fait défenses de laisser paître à
l'abandon aucunes chèvres, ou aucunes brebis, capables par
leur souffle de les faire périr, dans l'intérieur de la ville ;
faire défenses pareillement à tous mendians de cette ville
ou autres de couper aucuns bois avec serpes dans les hayes,
même d'emporter les épines sèches servant à les boucher,
sous peine de prison, et ensuite d'être conduits au dépôt.

Sur quoy, Nous faisant droit sur le réquisitoire du Souverain Seigneur, avons rendu la présente ordonnance pour être
exécutée ainsy qu'il suit :

Art. 1er. — Faisons défenses à tout particulier, de quelque
nature et condition qu'il puisse être, de laisser entrer aucune bête dans la place du Jeu de paume, même de mener
paître autour des hayes qui l'environnent aucunes chèvres,

ânes ou brebis, sous peine de dix livres d'amende, à compter de cejourd'huy.

Art. 2e. — Enjoignons aux pères et mères de faire les plus expresses défenses à leurs enfans de faire aucunes incisions, aux arbres avec leurs couteaux, même de donner des secousses aux nouveaux plantés en s'y suspendant ou autrement, sous peine de prison contre lesdits enfants, et de cinquante livres d'amende contre les pères et mères.

Art. 3e. — Ordonnons à tous propriétaires qui ont anticipé sur les rues intérieures de cette ville de rentrer chez eux et de laisser un espace de dix-huit pieds au moins pour servir de chemin, sinon, et à faute par eux de ce faire conformément à notre présente ordonnance, leur déclarons que nous ferons couper à bois rasé leurs hayes et leur ferons payer l'amende de dix livres pour être employée à icelle (sic) ; leur accordons pour ce faire le temps d'un mois à compter de la publication des présentes, après lequel temps passé nous ferons notre visite pour connoître les délits.

Art. 4e. — Défendons à tous particuliers de laisser paître à l'abandon dans l'intérieur de la ville et le long des bouchetures élaguées le long desdites rues aucuns chevaux, chèvres, brebis ou ânes, sous peine de dix livres d'amende.

Art. 5e. — Faisons défenses à tous mendians ou autres de couper avec serpes du bois dans les hayes, même d'emporter les épines sèches qui les bouchent, sous peine d'être emprisonnés et ensuite conduits au dépôt.

Art. 6e. — Ordonnons à tous les particuliers de cette ville de ramoner les cheminées au premier passage des ramoneurs, sous peine de dix livres d'amende, et que visite sera faite immédiatement après.

Ordonnons que la présente sera lue, publiée et affichée par

vous huissier de service du siège pour être exécutée selon sa forme et teneur.

Fait et arrêté par nous André Danjou, Lieutenant Général Commis, le trente-un novembre mil-sept-cent-soixante-dix.

Signé : DANJOU, ARNAL et PINSSON.

(Archives du Cher. Fonds judiciaire. B. 4,534 bis.)

Bourges, Imprimerie commerciale Veret.

[illegible]

[illegible]

[illegible]

[illegible]

[illegible]

EXTRAIT

DES

MÉMOIRES DE LA SOCIÉTÉ HISTORIQUE

DU CHER